AF359288

Register.

Schilderyen van den Kunstschilder
      Jaqnes De Bore. — 4 Sept. 1747.
      Pieter Van Buytene 29 Oct. 1748.
      de Erfg. van E. Net,,
      scher, Schouman enz. 15 Jul. 1749.
      den Heere M. Willem
      Fabricius — — — 19 Aug. —

Anticque Beelden enz. van den
      Graave Van Waffe,,
      naar met de Appendix. 17 Aug. 1750. ✗

Schilderyen van den Graave Van Was,
      fenaar — — — 19 Aug. —
      een Verkooping te Am,,
      sterdam. — 27 Jun. 1752.
      Jacob De Bruin — 17 Apr. 1754.
      een Verkooping te Am,,
      sterdam — 5 Jun. —
      den Burgemeester M. Jan
      Jacob Van Mansveldt — 8 Apr. 1755.
      Johanna Tyler, Wed. Van
      Beek — — 30 Apr. 1759.
      — Pieter Mogge 's Hage 14 Apr. 1757.

✗ NB Die van Antieke beelden, zijn Schilderijen, die
van Schilderijen, Teekeningen,

CATALOGUS

VAN EEN UYTMUNTEND EN OVERHEERLYK

CABINET

Zo van Konstige, Uytvoerige, als Plaisante

SCHILDERYEN

Door de allerroemwaardigste Italiaansche, Fransche en
Nederlandsche MEESTERS;

Meest alle in cierlyke gesneden Vergulde Lysten.

In veele Jaaren by een verzamelt, en nagelaten door wylen
den alom beroemden Konst-Schilder

JAQUES DE ROORE,

*Welke op Maandag den 4 September, 1747, en volgende dagen, in
's Gravenhage, ten zynen Sterfhuyze, op de Plaats, zonder
ophouden, verkogt zullen werden*

Door HENDRIK VERHEYDEN,

Vendumeester van 's Gravenhage.

Dezelve kunnen op den eersten en 2den Sept. van de Liefhebbers gezien worden.

IN 's GRAVENHAGE,
By ANTHONI DE GROOT, EN ZOONEN,
MDCCXLVII.

CATALOGUS
VAN
SCHILDERYEN.

1 EEn extra groot Landſchap, met Beelden en Beeſten, *155 — —*
van B. Caſtelione, hoog 5 voet 5 duym, breed 7.
voet 10 duym. *J. Fetswaert voor een Ierlands Biſſchop.*

2 Een Slapende Cupido, levens groote, door Guido Reni. *105 — —*
Van Spangen.

3 Een Vrouwe Portret, met twee handen, door Titiaan. *3 — — —*
Hoet G.

4 Een dito Vrouwe Portret, zynde Pariſatis van Perſiën. *10-10 —*
De hiſtorie is van agteren te leezen.
De Reuver.

5 ⎰Speelende naakte Kindertjes, in een Landſchap, door
⎹ Silveſter Minaigo. *Fetswaert M. B.*   *24 — —*
6 ⎱Een dito, van dito, tot een weerga.

7 Het Laaſte Avondmaal Chriſti met zyn Apoſtelen, excel- *120 — —*
lent geſchilderd, door Pordenon, h. 3 v. $4\frac{1}{2}$ d., b. 5 v.
Hoet.

8 Een Offerhande der drie Wyzen uyt den Ooſten, door *34 — —*
Carletto Veroneſe.

9 Een Jager met eenig Wilt, door Manfredo. *12-10 —*
Fetswaert M. B.

10 De Triomph van Galathea, door P. d'Cortone. *17 — —*
Hoet G.

11 Ulyſſes by Circe, door J. Stella, op ſteen geſchilderd. *27 — —*
Van Spangen

A 2

12 De

7400 — —

2-2-12. De Welkomst van Pallas op Parnassus, in de manier van Palma. *Haazebroek.*

30— -13. Maria Magdalena zalft de voeten Christi, by Simon de Melaatsche, capitaal. *Braakhorst.*

15-5-14. Een Italiaansch Landschap.

12-15-15. Een dito Land en Revier-gezigt. *Hoet D.*

4-2-16. De Koninginne van Sceba by Salomon. *Courantier De Groot.*

3-15-17. Een Kersnacht. *Van Spangen.*

1-10-18. Een biddende Bisschop. *De Waard.*

3-3-{19. Een Mans Portret. / 20. Een Vrouwe Portret} *Hoet.*

17— -21. Diogenes, door Poussin. *Van Spange.*

44— -22. Een Bacchanaal, van dito. *Honje.*

40— -23. Daar Rachel de Huysgoden van Laban verbergt, door A. Coypel. *Hoet G.*

63-{24. Danaë met de Goude Regen, door La Hey. / 25. Een Herder en Herderin, tot een weerga, door dito. *Van Bennekom.*

5— -26. De Kruysfiging van Petrus, zeer uytvoerig, *door J. de Ro...* naar *Van Dyk. Kerk.*

117— 27. De Vrouwen by 't Graf, op welkers steen een Engel zit, door P. P. Rubbens, hoog 19½ d., breed 20½ d. *Van Spangen*

350-12-

28 Ste.

(5)

28 Ste. Walburgia in Noot met een fchip in Zee, — *160* — —
door P. P. Rubbens, h. 2½ v., b. 3 v. 2 d.
Sch. Jacob de Wit.

29 De Begraaffenis van St. Walburgia , door dito, — *250* — —
hoogte en breedte als boven. *Dezelve.*

30 Een doode Chriftus aan 't Kruys, door dito, hoog — *280* — —
2 v. 5 d., b. 1 v. 7 d. *Van Spangen.*

Deeze 3 Stukjes zyn uyt de Burg-Kerk van Audenaerde geworpen.

31 Drie Sufters, met het Kind van Pallas, door dito, hoog *40* — —
12½ d., b. 13 d. *Courantier De Groot.*

32 De Dood van Hypolitus , door dito, hoog 20 duym, *290* — —
breed 2 voet 1 duym. *Van Spangen.*

33 De Geboorte Chrifti, door dito, hoog 2 voet 1½ duym, *83* — —
b. 19 d. *Tetswaert M. B.*

34 De Verryfenis van Chriftus, tot een weerga, door dito, *75* — —
hoog en breed als boven. *Dezelve M. B.*

35 Een Heemel , waar in de Koninglyke Propheet Da- *139* — —
vid op de Harp fpeelt , met zingende Engelen, door
dito, h. 1 v. 5½ d., b. 2 v. 1 d. *Tetswaert.*

36 Een Afneeming van 't Kruys , door dito , h. 19 d., *75* — —
b. 20 d. *J. Vander Marck Æ. Z.*

37 Een Kruysdraging Chrifti, door dito, h. 2 v. ½ d, b. 1 *200* — —
v. 7 d. *Dezelve.*

38 De Triomph van een Keyzer, door dito, ————————— *41* — —
Van Spangen.

A 3

39 Een
1635

30 — 39 Een uytvoerige verbeelding van Hieronimus, in de Wolken, door P. P. Rubbens, h. 1 v., b. 18½ d. *Courantier De Groot.*

31 — 40 Een dito, van dito, verbeeld de Hemelvaart Christi, h. 13 d., b. 12 d. *Dezelve.*

31 — 41 Een dito, van dito, verbeeld de Hemelvaart van Maria, h. 15 d., b. 19 d. *Dezelve.*

63 — 42 Een dito, van dito, verbeeld daar Abraham de tiende aan Melchisedech geeft, h. 19 d., b. 2 v. ½ d. *Dezelve.*

20 — 43 Een dito, van dito, verbeeld de Boodschap des Engels aan Maria, h. 12½ d., b. 17 d. *Dezelve.*

31 — 44 Een dito, van dito, verbeeld de Geboorte Christi, h. 12½ d., b. 18½ d. *Dezelve.*

78 — 45 Een dito, van dito, verbeeld het Avondmaal Christi, h. 17 d., b. 17½ d. *Dezelve.*

Deeze zeven zyn alle Schetzen van Plafons, die in de Jesuite Kerk te Antwerpen door de Vlam verteert zyn.

85 — 46 St. Sebastiaan, verbeeld het groot Autaarstuk van de Paters Augustynen, te Antwerpen. *Hoet.*

53 — 47 Een schryvende Santinne daar een Kind den inkt vasthoud, door dito, h. 17 d., b. 14 d. *Cour: De Groot.*

450 — 48 Een Heydinne met twee Kinderen die vuur blaazen, in een Grot, leevensgrootte, door dito, h. 3. v. 9 d., b. 3. v. *Jetswaert in commissie.*

104 — 49 Een Vriesche Boer die een Vrouw karesseert, door dito, h. 29 d., b. 21½ d. *Dezelve M. B.*

320 — 50 Daniël in den kuyl der Leeuwen, door dito, h. 17 d., b. 22½ d. *Van Spangen.* 51 De

1274

51 De Stryd der Centauren, door P. P. Rubbens, h. 2 v., *51* — —
b. 3 v. 4 d. *Fetswaert.*

52 Een Geboorte Chriſti, door dito, h. $2\frac{1}{2}$ v., b. 3 v. $4\frac{1}{2}$ d. *62* — —
Reſident Kinſchot.

53 Een Goden-Feeſt, door dito, h. $19\frac{1}{2}$ d., b. 24 d. — — *70* — —

54 De Vlugt van Egipten, door dito, h. 19 d., b. $24\frac{1}{2}$ d. *115* — —
Van Spangen.

55 De Dood van Ariadne, door dito, h. 17 d., b. 22. d. *30* — —
Van Bennekom.

56 Twee Biſſchoppen en twee Sanctinnen, en 2 Kindert- *102* — —
jes, door dito, h. $25\frac{1}{2}$ d., b. $19\frac{1}{2}$ d.
Van Spangen.

57 Een Keuken met Beelden, en divers tam en wild vlees, *63* — —
van dito, h. 20 d., b. $25\frac{1}{2}$ d. *Boetens.*

58 Een Mans Portret, van dito, h. 25 d., b. $18\frac{1}{1}$ d. — — *49* — —
Van Spangen.

59 Een dito, van dito, h. $20\frac{1}{2}$ d., b. $14\frac{1}{2}$ d. *Fetswaert* — *100* — —
M.B.

60 Een dito, van dito, hoogte en breette als boven. — — *63* — —
Dezelve M.B.

61 Krygslieden uyt het Serpents tanden gezaayt, door di- *40* — —
to, h. $10\frac{1}{2}$ d., b. $16\frac{1}{2}$ d. *Van Bennekom.*

62 De Twiſt-appel op de Maaltyd der Goden, door di- *121* — —
to, h. $10\frac{1}{2}$ d., b. $16\frac{1}{2}$ d. *J. Vander Marck A.Z.*

63 Herodias met het hoofd van Johannes, op de Maaltyd *63* — —
van Herodes, van dito, h. $13\frac{1}{2}$ d., b. 19 d. *Fetswaert.*

64 Triomph van Maria met het Kindje, door dito, h. $24\frac{1}{2}$ d., *206* — —
b. 19 d. *Van Spangen.*

65 Een Ecce Homo, door dito, h. $18\frac{1}{1}$ d., b. $12\frac{1}{2}$ d. — — *151* — —
Fetswaert. A 4 66 Een

1306 — —

70 — 66 Een Landfchap door P. P. Rubbens, met een Heremyt, h. 14 d., b. 21½ d. *Hoet.*

75 — 67 Een dito, van dito, met kleyne ftoffagie, h. 10 d., b. 15 d. *Cour. De Groot.*

67 — 68 Een Zwitfer by een Courtifaane, van dito, h. 3 v., b. 2½ v. *D'Abelain.*

299 — 69 Een Landfchap van dito, met Beelden en Beeften, h. 21 d., b. 31½ d. *Fotswaart.*

7 — 70 Een model van een Poort tot Antwerpen, genaamt Majegat, door dito. *Cour. De Groot.*

21 — 71 Een Tombe, door dito, h. 11 d., b. 19 d. *Dezelve.*

21 — 72 Een Titel voor d'Ark van den Prins-Kardinaal, door dito, h. 20½ d., b. 14½ d. *Fotswaert.*

15-15 — 73 Een Poort met het Beeld der Schelde, door dito. *Courantier De Groot.*

131 — 74 St. Maarten, door Anthony van Dyk, h. 2½ v., b. 21 d. *Fotswaert.*

3-8 — 75 Een Model van een Stal met Paarden, door dito, h. 13 d., b. 14 d: *Cour. De Groot.*

40 — 76 Een Mans Portret, door dito, rond, in 't graauw. *Hoet.*

3-14 — 77 Een Schets in 't graauw, door dito. *Cour. De Groot.*

50 — 78 Een Capitaal Landfchap met Beelden en Beeften, door Jaques Jordaans, h. 3. v. 3. d., b. 4 v. 5 d. *Dezelve.*

21 — 79 Een dito Landfchap, door dito, verbeelt Mercurius en Argus, h. 3. v. 10 d., b. 6 v. 2 d. *W. Marck F. Z.*

824-17 —

80 Nymphen, met Paarden en Wagen, in een Landſchap, *14-15-* door Jaques Jordaans.

81 Daar 'er twee over een baalie leggen te zien, door dito. *10 -*

82 Een ſtuk, door dito, met Verkens. *Juffr. Savery* — *3 10 -*

83 Een dito met Bokjes, door dito, tot een weerga. — - *3 4-*
Cour. De Groot.

84 Een overheerlyk Cabinet-ſtuk van Adriaan van Oſtade *680 - -* verbeeldende een Buyten-Huys, alwaar een Vrouw zit moſſelen ſchoon te maaken, met een Mannetje dat 'er by ſtaat, en vier Kinderen, met veel Bywerk, het beſt dat van hem bekend is, hoog 17 d., b. 15½ d.
Biſſchop.

85 Een oud Mannetje dat in een ſtoel zit, door dito, van *46- -* zyn alderbeſte tyd, h. 8½ d., b. 6 d. *Van Buitenen*

86 Een Capitaal ſtuk, van den Ridder van der Werff, met *905- -* 5 Beelden en veel Bywerk, van zyn alderbeſte tyd, h. 24 d., b. 21 d., in een Nooteboome kasje.
Jetswaert voor Biſſchop.

87 Een Vrouwtje dat in een kamer zit te teekenen, door *138- -* Gabr. Metzu, van zyn beſte tyd, h. 12½ d., b. 1½ d.
Jetswaert M. B.

88 Een Philoſooph, zeer konſtig geſchilderd door G. Dou, *200- -* h. 7½ d., b. 6 d. *Dezelve M. B.*

89 Een oude Man en Vrouw, door dito, verbeeld zyn *141- -* Vader en Moeder, hoog 7 d., b. 5½ d., zynde egaal van grootte. *Johan Vander Marck F. Z.*

90 Een excellent ſtuk van G. Terburg, verbeeld 2 Her- *86- -* derinnen met Schaapjes en Bywerk, h. 22 d., b. 17½ d.
Reſident Kinſchot.

A 5

91 Een

2227-15-

(10)

31 — 91 Een fraay Stukje van G. Terburg, verbeeldende een lagchend Mannetje, hoog 10½ d., b. 8½ d. *Schilder Frank.*

250 — 92 St. Maarten te Paard, die de helft van zyn mantel voor de behoeftige affnyd, met veel Beelden, in een Landfchap, door Ph. Wouwerman, van zyn allerbefte tyd, hoog 16½ d., b. 14 d. *Klok.*

470 — 93 De Boodfchap der Engelen by Abraham, door G. de Lairesse, van zyn alleruytvoerigfte, hoog 3 voet 8 duym, breet 5 voet 9 duym. *Wannaar voor Braamkamp.*

103 — 94 Een Philofooph in zyn Studeer-kamer, in de manier van G. Douw, door van Staveren, in een zwart Ebbenhoute kasje, h. 20 d., b. 18 d. *Sormier.*

48 — 95 Een Mans Pourtretje, leggende met zyn eenen arm op een rood fluweele kuffen, door G. Netfcher, h. 11½ d., b. 9 d. *Van Spangen.*

63 — 96 Een dito Vrouwe Pourtret, verbeeld een Weduwe in rouw gewaad, met een Doodshoofd voor haar op de Tafel, door dito, h. 20½ d., b. 17 d. *Dezelve.*

10 — 97 Een modern Vrouwtje met twee Kindertjes, door dito. *Cour: De Groot:*

160 — 98 Een Dame die op een Luyt fpeelt, door Egelon van der Neer, excellent gefchilderd, h. 15 d., b. 13 d. *Fetswaert M. B.*

320 — 99 Een Capitaal groot Landfchap, met Beelden en Beeften, met veel Bywerk, door Nicol. Berghem, h. 3 v. 8½ d., b. 5 v. 4 d. *Hoet.*

218 — 100 Een extra groot Landgezigt, met een menigte van Beeldjes, Huyzen, Gebouwen en Scheepjes, door R. Griffier, van zyn allerbefte tyd, h. 21 d. b. 25 d. *Bifchop.*

ƒ 3753 — —   101 Een

101 Een ſtil Watertje, alwaar de Prins over de Maas vaart, *154 — —*
met een menigte van Scheepjes, door Willem van de
Velde, h. 23½ d., b. 27½ d. *Biſschop.*

102 Een Schilder in zyn ſtudie, by een ſtil leeven, door den *63 — —*
ouden Frans van Mieris, h. 21 d., b. 11½ d.
Boetens.

103 Daar Ammon zyn Suſter Thamar uytdryft, door Willem *151 — —*
van Mieris, van zyn alleruytvoerigſte, h. 18 d., b. 15 d.

104 ⌈ St. Jeronimus in een Kluys, door dito, mede van
  | zyn uytvoerigſte, h. 8 d., b. 6½ d.   ⌉ *153 — —*
  | ⌋
105 | Maria Magdalena in een Kluys, door dito, zynde
  ⌊ een weerga. *Van Spangen.*

106 Een zittende oude Vrouw, waarby een Jongetje op *350 — —*
zyn kniën bid, met figuren in 't verſchiet, door Rembrand, h. 16½ d., b. 13½ d. *Hoet.*

107 Een Jongeling die bellen blaaſt, door dito, hoog 23 d. *140 — —*
b. 19 d.   *Dezelve.*

108 Een dito Jongeling die uyt een Venſter ziet, door *125 — —*
dito, h. 2 v. 6 d., b. 23 d.
Wannaar voor Braamkamp.

109 Den Engel met de jonge Tobias, door dito, in een *121 — —*
Landſchap, h. 29½ d., b. 26 d. *Van Spangen.*

110 Een extra groot Stuk, door dito, verbeeld een Hiſto- *54 — —*
rie van Saul, uyt de Schriftuur, hoog 6 v. 3 d., b. 7
v. 4 d. *D'Abelain.*

111 Een oude Mans Pourtret, door dito. *Van Spangen.* *41 — —*

112 Een,
____
/ *1352 — —*

24 — 112 Een dito oude Mans Pourtret, door Rembrand, met een kraagje. *Hoet.*

52 — 113 Een Bergagtig Landfchapje met kleyne ftoffagie, door dito. *Dezelve.*

40 — 114 Een Landfchapje met Beeldjes en Koetjes, door dito. *Dezelve.*

26-10 115 Een dito, van dito. *Van Spangen.*

1-2 116 Een Ruïne in 't graauw, van dito. *Cour. De Groot.*

3-2 {117 Een Ramshoofd, van dito.}
{118 Een Wolfskop, van dito.} *Dezelve.*

2.13 — 119 Een Italiaanfche Boeren vreugd in een Landfchap, met een menigte van danffende en fpeelende Figuuren, door Lingelbagh, van zyn allerbefte tyd, hoog 2 voet 10 duym, breed 3 voet 4 duym. *Van Spangen.*

182 — 120 De Verlooren Zoon in een Bordeel, door Geraardts, zeer Capitaal en van zyn allerbefte fchildering, hoog $2\frac{1}{2}$ v., b. 2 v. *Dezelve.*

83 — 121 Een Herder, die een Herderin wil kuffen, door G. Schalke, h. 10 d., b. 8 d. *Hoet.*

13-10 122 Een Eremiet in een Kluys, by een kaars, door dito. *Klok.*

60 — 123 Een konftig Cabinet-ftukje, met agt Beeldjes, door K. du Jardyn, h. 17 d., b. $13\frac{1}{2}$ d. *Van Spangen.*

124 Een

124 Een extra groot Landſchap, door Jan Steen, verbeeld *150 — —*
Johannes, predikende in de Woeſtyne, met een meenigte
van Beelden, Koets en Paarden, &c. van zyn aller-
beſte Schildering, h. 5 v. 4 d., b. 7 v. *Hoet.*

125 Een rookent Boertje, door Adriaan Brouwer. *Cour. De Groot.* *16 — —*

126 Een dito, van dito. *Van Spangen* *31 — —*

127 Een dito, verbeeldende zingende Boertjes, door dito, *26 — —*
zynde ovaal. *Dezelve.*

128 Een Vrolyk Mannetje met een kan en een pyp in de *32 — —*
hand, door A. de Vois, h. 10 d., b. 7½ d. *Monje.*

129 Een extra ſchoon Stuk, verbeeld daar de Dood ver- *190 — —*
ſchrikt eenen gierigen ouden Man en een Vrouw, door
Jan van Lievenſe, h. 23½ d., b. 31 d. *Van Spangen.*

130 Een Boeren- en Boerinnen-Vreugd, in een Binnen- *70 — —*
huys, door C. Bega, extra puyk, h. 17½ d., b. 15½ d.
Hoet.

131 Reynier Adriaanſe by Saartje Jans, door C. Trooſt *39 — —*
gecrayoneert, zeer grappig. *H. D. Marck Azz.*

132 Een Zinnebeeld op de Stad Amſterdam, door As- *23 — —*
kaan. *Valk.*

133 ⌈Een Stuk met allerley Bloemen en Vlinders, door
  Veerendaal, h. 14 d., b. 17 d.
  125 — —
134 ⌊Een dito met allerley Fruyt, zynde een weerga, door
  dito, hoogte en breette als boven. *Formier.*

702 — —

135 Een

135 Een Boeren Gezelschap in een Binnenhuysje , door David Teniers, h. 11½ d., b. 9½ d. *Jetswaert.*

136 Flora met eenige Kindertjes met Bloemen en Steen-werk, ryk van ordonnantie en uytvoerig, door Jaques de Roore, h. 20½ d., b. 25 d. *Monjé.*

137 De Mysterie van 't Lyden Christi, in 22 stukjes, alle deeze zyn egaal van grootte, door denzelven, hoog 11½ d, b. 9 d. *Wannaar.*

138 Christus aan 't Kruys, met twee Vrouwen en Johannes, door denzelven, h. 10½ d. b. 7½ d. *Dezelve.*

139 Pan en Syringa, in een Landschap, door denzelven. *Wandelaar.*

140 Daar Brennus het Capitool belegerd, door denzelven. *Van Buitenen.*

141 Een Bachanaaltje, door denzelven.
142 Een dito, tot een weerga. *Jetswaert.*

143 Eneas, door denzelven. *Gerot.*

144 Daar Thetis Achilles dood, door denzelven. *Cour: De Groot*

145 147 Daar Thetis Achilles komt haalen van den Centaur Chiron, die hem had opgevoed, door denzelven.

146 Achilles onder de Maagden , ontdekt door Ulysses, door denzelven.

147 Achilles by 't doode Lyk van den overwonnen Hector, door denzelven.

148 Achil-

148 Achilles in zyn hiel getroffen, door een pyl van Paris,
door Jaques de Roore.

149 Achilles onder de Gooden, Plaffon, door denzelven. *18 — —*
De Beuver te Utrecht.

150 Myrtillo met zyn Minnares Amarillis, gevankelyk
weg gevoert, door denzelven.

151 Myrtillo en Amarillis, welke geoffert zouden worden *72 — —*
door den Priefter Montenus, raaken bevryt, door de
ontdekking van den blinden Waarzegger Tirenio, door
denzelven. *四. De Groot.*

152 Corifca fpreekt met Ergafto, terwyl 'er Bloemen werden geplukt, door denzelven.

153 Dorinde met een Pyl getroffen, van Silvio, door *50 — —*
denzelven. *Dezelve.*

154 Een Ecce Homo, met een menigte van Figuuren, door *34 — —*
denzelven, h. 25 d., b. 20½ d. *Schilder Frank.*

155 Venus met Cupido en Hymen, door denzelven. — — *22 — —*
Johan Vander Marck 1772.

156 De Tyd ontdekt de Waarheyd voor de Vrye Konften,
door denzelven.

157 Mars verbrand den Tempel van Minerva, waar *30 — —*
door de Vrye Konften geruineerd werden, door
denzelven. *Bach.*

158 Loth met zyn Dogters, door denzelven.

159 Sufanna met de Boeven, zynde een weerga. *43 — —*
Wannaar.

160 Een/

/ 269 — —

4:- { 160 Een Sater zoekt Venus te belagen, maar werdt van
       Cupido beftraft, door Jaques de Roore.
     161 Een dito Sater, komt bezeert by zyn Wyf, die hem
       de fchuld verwyt, zynde een weerga. *Déodati.*

2:5— 162 Een Zinnebeeld op iemand die een groot Lot uyt de
       Lotery heeft getrokken, door denzelven. *Bach.*

5-15—163 Een uytvoerig Model van het Plaffon op 't Stadhuys
       van Antwerpen, door denzelven. *De Venduemeester Verheyden.*

6-5—164 Een dito Model van een Plaffon, door denzelven. *Bach.*

6-10—165 Een dito, door denzelven. *Dezelve.*

7:—166 Simeon in den Tempel, op een kopere plaat, door
       denzelven. *Johan Vander Marck Æ.Z.*

6:5—167 Een Offerhande in den Tempel van Venus, door
       denzelven. *Dezelve.*

6:7—168 Maria Magdalena, in een Kluys, met veel Bywerk, in
       een Landfchap, door denzelven, h. 2 v., b. 18½ d. *Dezelve.*

8:— 169 Een Model van een Plaffon, door denzelven. *Hoet.*

6-5—170 Een dito— *Hoet B.*
2-10—171 Een dito— *Dezelve.*
2-10—172 Een dito— *Schilder Frank.*
3-2—173 Een dito— *Dezelve.*
4-2—174 Een dito— } door denzelven. *Dezelve*
3-2—175 Een dito— *Dezelve.*
2-18—176 Een dito— *Dezelve.*
2-14—177 Een dito— *Dezelve.*
-12—178 Een dito— *Dezelve.*

179 Een

323-5—

179 Een Stuk om onder een fchoorfteen te zetten, met   28 — —
Kindertjes, door Jaques de Roore. *Maronier.*

180 Een Zinnebeeld op de Zee-vaart van Antwerpen, door   2-14 —
C. Schut. *Courantier De Groot.*

181 Een Landfchap waar in Diana op de Jagt gaat, extra   111 — —
puyk, door Elsheymer, groot 10½ d., b. 8 d. *Fetswaert M. B.*

182 Een Boere Barbiers Winkeltje, daar een de kies werd   17 — —
getrokken, door A. Bot. *Yver.*

183 Een fchoon Landfchap, waarin een drift van Koeyen, &c.   170 — —
door J. Affelyn, al Krab, h. 3 v. 5 d., b. 4 v. 2 d. *Bifschop.*

184 Een dito groot Landfchap met Beelden en Beeften,   74 — —
door van der Does. *Monjé.*

185 Venus beweend de Dood van Adonis, door Tyffen,   10 — —
in een Landfchap van Wildens. *Wandelaar.*

186 Cephalus en Procris, door Breenberg. *Monjé.* — - -   45 — —

187 Een Raadsheer van Bruffel op een Stoel, voor een   36 — —
Tafel, door Tyffens.

188 Diana met haar Jagt-Nymphen, in een Landfchap met   12-12 —
Kruyden en Bloemen, in de manier van van Baalen
en Breugel. *Courantier De Groot.*

189 Een Landfchapje met een Reiziger en Koetjes, door   12-10 —
Mofes Uyttenbroek. *Van Buitenen.*

190 Maria met het Kindje dat flaapt, door Lange Jan. —   4 - -
Wandelaar.

191 Bacchus en Ariadne, door Schut. *Van Fetswaert*   27 — —
overgenoomen, en tot winst gegeven 5-5—:

192 Een Capitaal Stuk, waar in een Paauw, Enden,   205 — —
Duyven en ander Gevogelte, door Melchior de Hon-
dekoeter, h. 6 v. 3 d., b. 5 v. 3½ d.
Grahame voor Pallairet.   193 Een/

ƒ 750-16 —

9 — 193 Een Vaas van Bailliu, verfiert met bloemen, door
Boffchaart. *Bach.*

12 — 194 Beelden by Steenwerk, door denzelven. *Monjé.*

33 — 195 Een doode Zwaan, leevens-grootte, door ~~Feyt~~ *Boel.*

8 — 196 Maria en het Kindje, met St. Jofeph. *Van Spangen.*

42 — 197 Simeon in den Tempel, door A. de Gelder. *Seh. Frank*

1 — 198 Een ftil Leeven, door denzelven. *Cour. De Groot.*

10-10 — 199 Een kleyn Crucifix, door een goed Meefter. *Dezelve.*

2-12 — 200 Een Pourtret, van boven ovaal, in de manier van
Holbeen. *Dezelve.*

7 — 201 Een doode Chriftus, leevens-grootte, in eyer-verf,
door een oud Meefter. *Tomas Giotino.*
Hoet B.

26 — 202 Een Landfchap, door Rysbrack. *Monjé.*

20 — 203 Een dito, door denzelven. *Dezelve.*

8-5 — 204 Een dito Landfchap.

2 — 205 Het Pourtret van Balte van den Bos, Konftfchilder.
Courantier De Groot.

5-5 — 206 Een lagchende Vrouw, door Hondthorft. *Dezelve.*

8 — 207 Een Philofooph, door denzelven. *De Reuver.*

-15 — 208 Het Pourtret van Louis Boifot. *De Bon.*

29 — { 209 Een Fruyt-ftuk, zeer uytvoerig, door Van Uyt-
reght.

210 Een dito, door denzelven. *Hoet B.*

26-10 — { 211 Een Bloemftuk, door Van den Broek. — *Monjé*

212 Een dito, tot een wederga, door denzelven.

113 Een

250-15 —

213 Een Landfchap, door Milë. *Fetswaert* — 12 — —

214 Een Maanlichtje, door A. van der Neer. *Hoet* — 13-5-

215 Het Laatfte Oordeel, in 't graauw. *Monjé* — 14 — —

216 Een Capitale Winter, met Paard en Slee op 't Ys, door Molenaar. *Hoet L.* 45 — —

217 Een Herderinne die op een Rinckel-Trom fpeelt. — *Haas.* 5-5-

218 Izabella Clara Eugenia, in 't Geeftelyk gewaad. — *Juff.r Savery.* 3-5-

219 Orpheus onder de Dieren, in een Landfchap, in de manier van C. Zagtleeven. *Van Maanen.* 3-14-

220 Een dito Landfchap met Koeyen. *Cour. De Groot* 3 — —

221 Een goude Schaal met roode en witte Druyven, door Snyders. *Monjé.* 10 — —

222 Een Capitaal Landfchap met Tyger-katten en Gevo-gelte, door Boel. *Bach.* 15 — —

223 Het Pourtret van Joachim Uyttewaal. *Cour. De Groot* 3 — —

224 Een Landfchap met Beeldjes en Beeften, in de manier van A. van de Velde. 4 — —

225 Een Cupido, die zyn boog fpant, gedrukt. — 1 — —

226 De Verlooren Zoon by een Verkens-Trog. *Geret.* 3-2-

227 Een ftil Leeven, met Bloemen, Vrugten en Sayker-goed, door Vleugels. *Cour. De Groot* 12-5-

228 Een Landfchap met een Ruïne. *Monje* door J. Griffier. 30 — —

229 Een

177-16-

5–5–229 Een Stuk, verbeeldende vliegende Kindertjes. *Leuts.*

–11–230 Een Hondje. *Wandelaar.*

12——231 Een Miniatuurtje, extra fraay. *Biefchop.*

50 —
232 Een dito Miniatuur, verbeeldende Pomona en Vertumnus, door Werner.

233 Een dito, verbeeld de Tovereffe Circe, tot een weerga, door denzelven. *Biefchop.*

2–2–234 Twee moderne Figuuren op een Balufter, met een Vogel-kooytje.

–16–235 Een Hondje met 2 dito. *De Bon.*

–13–236 Vier ftuks, een Geytje en drie Printjes, een met couleur gedrukt. *Courantier De Groot.*

237 Eenige modelle Plankjes, die by koopjes zullen verkogt werden.

8— 238 Twee Paneelen, het eene gedoodverwt en 't andere met kryt geteekent. *Kendumeefter Verheiden.*

2— 239 Nog twee Schilderytjes. *Cour. De Groot.*

–12–240 Een Doek op een Raam, zynde Modellen van Vogels. *Wandelaar*

Eenige Geboetfeerde Beeldjes, en dito Pleyfter-werk.

Verders allerley Schilders Gereedfchappen en Verwen, &c. welke by koopjes zullen verkogt werden.

E Y N D E.

APPENDIX

VAN OVERGESLAGEN

SCHILDERYEN.

1 EEn Pourtret van een Vrouw, van P. P. Rubbens, *door dito geschilderd. Johan Vander Marck* 56— —

2 Een Bosch daar de Zon door de Boomen schynt, waarin een Herten-Jagt verbeeld word, door dito, h. 11 d., b. 13 d. 7:— —

3 Een Kruysdraaging, door dito, h. 14 d., b. 11 d. — *Cour. De Groot.* 40— —

4 Een Landschap met Beelden en Beesten, door dito, h. 16 d., b. 22 d. *De Reuver.* 50— —

5 Een langwerpig Stuk met vyf differente Schetsjes, door dito. *Resident Kinschot.* 15— —

6 Een Stukje, verbeeldende Maria met het Kindje, Johannes en St. Anna, in een Landschap, door Bourdon, h. 21 d., b. 17 en een halve duym. *De Wit voor Braamkamp.* 52— —

7 Een schoon Landschap met Beeldjes, door van Uden, h. 16 en een halve d., b. 25 duym. *Cour. De Groot.* 31.— —

Een bloemstuk, door Simon Verelst. — Dezelve 9-10—

Een Landschap. — — Bach 7-5—

voor Ryebrak — Cour. De Groot. 11-11—

NB. Onder op pag. 12. No. 123. staat agt en moet zyn 3 Beeldjes.

Een Offerhande, door een Italiaan — Hoet 45— —

Een Stuk van Pelegrini — Cour. De Groot 11-11—

Een Stilleeven, door een Discipel van J. de Roye vander Nolk. 7-10—

f 507- 7 -

13-5 Een Geboetzeerde Groep.

12-10 Een leggend Marmer Vrouwtje.

4-10 Geboetzeerde beeldjes.

4- Dito.

16- Dito.

4-2 Dito.

-6 Dito.

1-10 Dito.

-16 Dito.

4- Dito.

5- Een Vryfsteen.

-16 Werwen en Schildersgereedschap enz.

2-5 Dito.

18-5 Dito.

1-12 Dito.

5-15 Dito.

4- Eenige Modellen, Plankjes enz.

-15 Dito.

4-6 Dito.

-6 Dito.

-2 Dito.

-18 Dito.

-7 Dito.

1-8 Dito.

____

f 106-14-

(23.)

Bl.		f
3	—	480 — —
4	—	358 - 12 —
5	—	1631
6	—	1274 —
7	—	1306 — —
8	—	824 - 17 —
9	—	2227 - 15 —
10	—	1753 —
11	—	1352 —
12	—	698 — 4 —
13	—	702 —
14	—	588 - 10 —
15	—	269 — —
16	—	323 - 5 —
17	—	750 - 16 —
18	—	250 - 15 —
19	—	177 - 16 —
20	—	81 - 19 —
21	—	507 - 7 —
22	—	306 - 14

In 't geheel — f 15643 - 10 —